AF413156

LA ALEGRÍA DE APRENDER

La alegría de aprender

*Inspirando curiosidad en
los niños*

AVERY NIGHTINGALE

Creative Quill Press

CONTENTS

First Printing, 2024

| 1 |

Capítulo 1: Introducción al placer de aprender

El destello de interés

En el centro de todas y cada una de las revelaciones, de cada desarrollo y de cada empresa imaginativa se encuentra un destello sencillo pero significativo: el interés. Este anhelo normal de comprender, investigar y realizar impulsa a la humanidad hacia adelante. Además, es durante los primeros períodos de experiencia de crecimiento cuando este flash consume de manera más brillante. Fomentar el afecto por el aprendizaje en los jóvenes no se trata sólo de prepararlos para la escuela; está relacionado con preparar el establecimiento para una vida satisfactoria, centrada e inquisitiva.

Importancia de fomentar el afecto por el aprendizaje en los jóvenes

La adoración por el aprendizaje es posiblemente el regalo más valioso que podemos brindar para el futuro. La clave abre el camino a un largo período de oportunidades, revelaciones y desarrollo. Cuando se insta a los niños a investigar sus inclinaciones, obtener aclaraciones sobre cuestiones urgentes y buscar respuestas, se fomenta un sentimiento de confianza en su capacidad para comprender el mundo. Esto mejora su presentación escolar y apoya el giro de los acontecimientos sociales y cercanos al hogar.

Descubrir cómo valorar el aprendizaje significa que los jóvenes serán más versátiles en un mundo que cambia rápidamente. Serán solucionadores de problemas , eruditos que mirarán más allá de la superficie y personas que buscarán una mejora constante en sí mismos y en sus elementos ambientales. Además, este afecto por el aprendizaje desarrolla la flexibilidad, permitiendo a los niños afrontar las dificultades y decepciones como etapas vitales en la experiencia educativa.

Resumen de las ventajas del aprendizaje duradero

El aprendizaje duradero amplía el placer y las ventajas de esta misión de conocimiento mucho más allá de la sala de estudio. Envuelve la superación personal, el éxito profesional y el puro deleite de la revelación. Los estudiantes profundamente arraigados son más versátiles a los cambios en el mercado laboral, son más imaginativos y, en general, tendrán existencias mejores y realmente satisfactorias.

Las ventajas del aprendizaje duradero incluyen:

• Mejora de la capacidad mental y el mantenimiento de la memoria.

• Mayor simpatía y comprensión a través de la investigación de diferentes sociedades y puntos de vista.

• Trabajé en el bienestar cerca del hogar y estresé las habilidades de la junta directiva.

• La incesante transformación de habilidades e información para explorar las crecientes demandas del mundo experto.

Abriendo paso al interés y la investigación

Es importante establecer un clima que impulse el interés y la investigación. Incluye algo más que dar datos; Está relacionado con los niños en movimiento preguntar: "¿Por qué?" "¿Cómo?" e "¿Imagina un escenario en el que?" Este clima dinamiza los encuentros activos, el razonamiento decisivo y el pensamiento crítico. Valora tanto la forma más común de avanzar como el resultado, fomentando un sentimiento de dicha y maravilla a pesar del mundo inexplorado.

Los tutores, instructores y figuras paternas pueden preparar este escenario de la siguiente manera:

• Potenciar consultas sin respuesta correcta o incorrecta y estimar todas las solicitudes.

• Ofrecer diversos encuentros y recursos para fomentar el interés y la divulgación.

• Demostrar adoración por el aprendizaje e interés en sus propias vidas.

• Ofrecer críticas fuertes y elogiar los esfuerzos, no simplemente los logros.

El esfuerzo de cultivar el amor por el aprendizaje en los niños es profundamente gratificante. Requiere persistencia, innovación y garantía de desarrollar un clima que valore el interés y la investigación. Al enfatizar el placer de aprender, planificamos a los niños para que logren logros académicos y, al mismo tiempo, para que lleven una vida satisfactoria y enérgica, cargada de revelaciones incesantes. A medida que avanzamos a través de este libro, investigaremos procedimientos explícitos y fragmentos de conocimiento para motivar y sostener esta excursión duradera de aprendizaje.

Esta sección sienta las bases para nuestra investigación sobre las muchas formas en que podemos provocar el destello de interés en los niños, garantizando que se convierta en un fuego que ilumine su camino a lo largo de la vida.

| 2 |

Capítulo 2: Comprender el desarrollo infantil

Explorando la excursión del desarrollo

El desarrollo infantil es una excursión que comienza al ingresar al mundo y continúa hasta la edad adulta. Este camino se caracteriza por enormes logros y etapas, cada una descrita por extraordinarias oportunidades de crecimiento y puertas abiertas para el desarrollo. Comprender estas etapas es urgente para cualquiera que desee motivar el amor por el aprendizaje en los niños, ya que ayuda a adaptar las formas de abordarlas a sus necesidades formativas.

Breve descripción de las etapas de mejora de los jóvenes

El crecimiento infantil se puede dividir en pocas etapas clave:

1. Infancia (0-2 años): Esta etapa se caracteriza por un rápido desarrollo real y el inicio de la mejora de los movimientos coordinados. Los niños recién nacidos investigan su situación actual básicamente a través de encuentros tangibles y de su desarrollo. El interés inicial es claro a medida que recurren a sus factores ambientales utilizando cada uno de los cinco detectores.

2. Juventud Temprana (2-6 años): Durante este período, los niños fomentan las habilidades del lenguaje, los movimientos

coordinados esenciales se vuelven más refinados y comienzan a participar en juegos más complicados . Su razonamiento es extremadamente concreto y aprenden mejor a través de encuentros directos y colaboraciones. El interés es alto, ya que plantean incalculables preguntas sobre su entorno general.

3. Juventud media (6-12 años): esta etapa ve el avance del razonamiento consistente, una memoria más desarrollada y la comprensión de pensamientos intrincados, pero dentro de la realidad sustancial. Los niños se vuelven más libres y comienzan a formar sus propios grupos de amigos. El interés se convierte en una solicitud más organizada, con un límite ampliado con respecto al aprendizaje y la comprensión de las complejidades del mundo.

4. Adolescencia (12-18 años): Los jóvenes fomentan la capacidad de pensar conceptualmente y razonar eficientemente. Su interés podría expandirse a áreas teóricas adicionales, incluido el carácter, las conexiones y su posición en el planeta. El aprendizaje resulta ser más independiente y los compañeros asumen un papel fundamental a la hora de influir en los intereses y las inspiraciones.

Cómo avanza el interés en los jóvenes

El interés, principal motor del aprendizaje y la investigación, avanza fundamentalmente a lo largo de estas etapas formativas. En las primeras etapas, el interés se centra en encuentros táctiles rápidos. A medida que los jóvenes crecen, su interés se vuelve más refinado, pasando de investigaciones sencillas a preguntas complejas sobre cómo funciona el mundo.

En la juventud, el interés aparece a través del juego y de las constantes preguntas de "por qué". Para los jóvenes del centro, el interés resulta ser más activo, y los niños buscan descubrir reglas, ideas y propósitos para ellos. La pubertad aumenta aún más este interés, integrando el razonamiento dinámico y la investigación de temas sociales e individuales complicados.

Percibir los contrastes individuales en el aprendizaje

El recorrido de cada niño por estas etapas formativas es excepcional. Los contrastes en estilos de aprendizaje, intereses y velocidad de avance son normales y deben aceptarse. Algunos niños pueden mostrar un interés temprano por los números y los ejemplos, mientras que otros se sienten atraídos por las historias y el lenguaje. Del mismo modo, algunos niños suelen ser más curiosos, mientras que otros esperan que el consuelo comunique su interés.

Percibir y valorar estas distinciones es fundamental para cultivar un clima de aprendizaje sólido. Implica ofrecer diferentes puertas abiertas al aprendizaje, obligar a diferentes estilos de aprendizaje y capacitar a los niños para que sigan sus inclinaciones. Este enfoque personalizado tiene en cuenta la singularidad de cada joven y aumenta su compromiso y felicidad en el aprendizaje.

Comprender las etapas de avance de los niños brinda experiencias invaluables sobre cómo se desarrolla el interés y cómo ayudar mejor en el proceso de aprendizaje de cada joven. Al percibir la singularidad de cada niño y adaptar nuestra manera de tratar de encontrarlos donde estén, podemos despertar una adoración duradera por el aprendizaje. Las siguientes secciones profundizarán en metodologías de sentido común para mantener el interés y avanzar a través de estas diversas etapas, constantemente con miras a percibir y elogiar la forma singular de revelación de cada joven.

| 3 |

Capítulo 3: El papel del juego en el aprendizaje

Descubriendo la fuerza del juego

Muchas veces el juego se considera el lenguaje de los niños, un movimiento generalizado que se eleva por encima de sociedades y edades. Sin embargo, su trabajo de aprendizaje y mejora es mucho más importante que la simple diversión. El juego es un vehículo básico para la investigación, el ensayo y error y para descubrir el mundo. Es a través del juego que los niños ponen a prueba especulaciones, resuelven problemas y crean habilidades esenciales que les serán útiles a lo largo de la vida.

El valor instructivo del juego

Jugar no es simplemente jugar. Es un negocio importante en lo que respecta al aprendizaje y la mejora. El valor instructivo del juego reside en su capacidad para cultivar el desarrollo mental, social, cercano y real. A través del juego, los niños fomentan las habilidades lingüísticas, la imaginación, la intuición social y la capacidad de abordar cuestiones complejas. Además, el juego anima las asociaciones cerebrales en la mente, apoyando el avance del razonamiento decisivo y la memoria.

Una de las partes vitales del juego es su trabajo de mejorar la inspiración y el compromiso. Cuando los niños participan en el juego, es probable que enfrenten desafíos, prueben cosas nuevas y perseveren a pesar de las dificultades. Esta inspiración característica es vital para el aprendizaje, ya que impulsa a los niños a investigar más y aprender aún más .

Varios tipos de juego y sus ventajas

El juego se presenta en muchas estructuras, cada una con su propio conjunto de ventajas:

1. Juego físico (correr, escalar, moverse): apoya el avance de los movimientos coordinados, la coordinación y el bienestar real. También muestra a los niños sus cuerpos y el mundo real.

2. Juego constructivo (trabajar con bloques, dibujar): mejora el pensamiento espacial, la innovación y las habilidades de pensamiento crítico. Permite a los niños probar diferentes cosas con materiales e ideas, fomentando el orgullo y la independencia.

3. Fingir asumir (situaciones de simulación e inventiva): mejora las habilidades lingüísticas, la comprensión cercana a casa y la capacidad social. A través del juego de imaginación, los niños investigan puntos de vista alternativos y fomentan la compasión.

4. Juegos con reglas (juegos empaquetados, deportes): muestre a los niños las reglas, la razonabilidad y la participación. Estos juegos también fomentan el razonamiento crítico y la capacidad de concentrarse y recordar sutilezas.

5. Juego social (jugar con amigos): energiza las habilidades relacionales, la cooperación y la comprensión de las prácticas aceptadas. El juego social es urgente para construir conexiones y descubrir cómo explorar las circunstancias sociales.

Establecer condiciones de juego que apoyen el aprendizaje

Establecer un clima que apoye el aprendizaje energético incluye algo más que regalar juguetes y materiales. Requiere una metodología inteligente que los valores tengan un impacto crucial en el aprendizaje. Estas condiciones son ricas en materiales que animan la imaginación y la investigación, ofrecen lugares de refugio para quienes asumen riesgos y fomentan la cooperación social.

Aquí hay algunos componentes vitales a considerar al establecer las condiciones de juego:

• Surtido y Adaptabilidad: Brinde una gama de materiales y ejercicios que atiendan diversos intereses y etapas formativas. Los espacios adaptables que pueden ajustarse y reconsiderarse potencian la inventiva y el compromiso.

• Disponibilidad: Garantizar que los materiales y espacios de juego estén efectivamente abiertos a los jóvenes, permitiéndoles investigar y dibujar libremente con ellos.

• Bienestar: Establecer un clima protegido donde los jóvenes tengan una sólida sensación de seguridad para investigar, examinar y afrontar desafíos.

• Consideración: Planificar espacios de juego que sean integrales y atiendan especialmente a niños con diferentes necesidades y capacidades.

• Naturaleza: Consolida los componentes habituales y juega al aire libre con increíbles puertas abiertas. El juego en la naturaleza defiende el bienestar real, la conciencia ecológica y ofrece un rico encuentro tangible.

La función del juego en el aprendizaje es obvia. Es a través del juego que los jóvenes fomentan las habilidades, la información y las perspectivas que sientan las bases para un aprendizaje duradero. Al percibir el valor del juego y establecer condiciones que potencien la investigación amante de la diversión, apoyamos a los jóvenes en su anhelo normal de aprender, desarrollarse y prosperar. A medida que continuamos investigando las formas mediante las cuales podemos motivar el interés y el aprendizaje, obviamente no hemos tenido un impacto reciente en el aprendizaje; en muchos sentidos, es su núcleo.

| 4 |

Capítulo 4: Cultivar una mentalidad de crecimiento

Abrazando la fuerza del todavía

La idea de actitud, presentada por el analista Hymn Dweck, ha alterado la manera en que captamos el aprendizaje, la versatilidad y el logro. En el centro del examen de Dweck hay un pensamiento sencillo pero innovador: la fuerza del todavía. Esta sección investiga la distinción entre el desarrollo y las perspectivas fijas, proporcionando metodologías para desarrollar el pasado en los niños, dotándolos posteriormente de la capacidad de superar movimientos y la capacidad de sacar provecho de la decepción.

Prólogo a Desarrollo versus mentalidades fijas

Una mentalidad decente es la convicción de que las capacidades, la percepción y los dones son características fijas; Venimos al mundo con una suma específica y es así de simple . Las personas con una perspectiva decente a menudo evitarán las dificultades, se rendirán eficazmente, considerarán que el esfuerzo no es beneficioso y se sentirán comprometidas por el resultado de los demás.

Por el contrario, una mentalidad de desarrollo es la comprensión de que se pueden crear capacidades y conocimientos con esfuerzo, aprendizaje y laboriosidad. Las personas con una mentalidad de desarrollo aceptan las dificultades, perseveran a pesar de los obstáculos, consideran que el trabajo es el camino hacia el dominio, se benefician del análisis y buscan ejemplos y motivación en el resultado de los demás.

Metodologías para potenciar una mentalidad de desarrollo en los niños

1. Elogie la interacción, además del resultado: enfatice el trabajo, la metodología y la diligencia que los niños ponen en su trabajo, en lugar de simplemente adularlos por ser astutos o hábiles. Esto aumenta el valor del trabajo difícil y la convicción de que pueden seguir adelante mediante el esfuerzo.

2. Utilice la fuerza del "todavía": cuando los jóvenes digan que no pueden cumplir con algo, agregue un "todavía" a su afirmación. Esta palabra básica sugiere que tienen la expectativa de aprender y adaptarse, y con tiempo y esfuerzo, realmente querrán lograr sus objetivos.

3. Enseñe sobre la mente: enséñeles a los niños cómo el cerebro se desarrolla aún más y da forma a nuevas asociaciones cuando dominan cosas nuevas y practican habilidades. Comprender esto puede persuadirlos a abrazar el aprendizaje y considerar el conocimiento como flexible.

4. Modele una mentalidad de desarrollo: los niños obtienen una experiencia significativa al fijarse en los adultos. Comparte tus dificultades, lo que estás descubriendo y la forma en que continúas a través de los desafíos. Muéstreles que la batalla y la decepción son partes habituales de la experiencia educativa.

5. Fomentar la exigencia de apuestas y el esfuerzo que vale la pena: establecer un clima seguro en el que enfrentar desafíos y cometer errores no se reconozca simplemente sino que se celebre como un aprendizaje. Esto insta a los jóvenes a salir de su ámbito habitual de familiaridad e intentar cosas nuevas.

6. Utilice análisis útiles: los comentarios deben ser útiles y centrarse en cómo avanzar. Inste a los jóvenes a ver el análisis como datos importantes que pueden ayudarlos en su desarrollo.

Vencer las dificultades y sacar provecho de la decepción

Una mentalidad de desarrollo es especialmente importante cuando se trata de gestionar dificultades y decepciones. Esta es la manera de ayudar a los jóvenes a explorar estos encuentros:

1. Normalizar la decepción: enséñeles a los niños que la decepción no es una impresión de sus capacidades sino más bien una oportunidad de desarrollo. Comparta relatos de personas exitosas que fracasaron y ganaron con sus encuentros.

2. Concéntrese en el aprendizaje: Después de una desgracia, pregunte: "¿Qué podríamos ganar en algún momento con esto?" Centrarse en la perspectiva del aprendizaje ayuda a los niños a considerar la incapacidad como una etapa hacia el progreso, no como el final de su viaje.

3. Fomentar la incansabilidad: resaltar la importancia de la perseverancia en el logro de objetivos. Inste a los jóvenes a establecer objetivos pequeños y razonables en el camino hacia la conquista de una prueba, elogiando cada paso adelante.

4. Desarrollar habilidades de pensamiento crítico: inste a los niños a considerar varias técnicas que pueden utilizar para manejar un problema. Esto no sólo les ayuda a gestionar la prueba en curso, sino que también les proporciona habilidades para obstáculos futuros.

Desarrollar una perspectiva de desarrollo en los jóvenes es un método sólido para despertar la adoración por el aprendizaje, la fortaleza incluso en las dificultades y la audacia para desafiar y superar las decepciones. Está relacionado con enseñar a los jóvenes que sus capacidades no son fijas pero que pueden desarrollarse mediante devoción y trabajo duro. Esta mentalidad sienta las bases para un aprendizaje y un logro profundamente arraigados, cambiando la manera en que los niños se ven a sí mismos y su verdadera capacidad en cada intento que adoptan.

| 5 |

Capítulo 5: Fomentar la curiosidad a través de preguntas

Fomentando la psique curiosa

El interés es la fuerza impulsora de los logros académicos: la motivación nos impulsa a seguir aprendiendo, investigando y desarrollando. Para los niños, el mundo es un lugar tremendo y desconcertante donde todo merece ser abordado. Al sostener este interés intrínseco a través del consuelo de las preguntas, podemos alimentar su anhelo de descubrir el mundo y su lugar dentro de él. Esta sección profundiza en los métodos para capacitar a los niños para que expliquen algunos problemas urgentes, cómo identificarlos con éxito y la importancia de hacer preguntas sencillas a los niños para animar su razonamiento.

Empoderar a los jóvenes para que busquen aclaraciones sobre algunas cosas

La capacidad de plantear preguntas es importante para el giro mental de los acontecimientos y el aprendizaje. A continuación se muestran formas de capacitar a los jóvenes para que adopten sus intereses habituales:

1. Crear un Lugar de Refugio para la Solicitud: Aclarar que todas las preguntas son estimadas y no hay preguntas "sin sentido". Un clima fuerte insta a los jóvenes a expresar sus contemplaciones sin miedo a ser juzgados.
2. Interés modelo: los niños avanzan como una señal visual. Muestre su propio interés planteando consultas de manera rotunda, investigando respuestas juntos y mostrando ingresos certificados en la búsqueda de nuevos datos.
3. Exploren juntos: utilice libros, paseos por la naturaleza y actas periódicas como puertas abiertas para la investigación. Haga preguntas sobre lo que ve e inste a los niños a hacer lo mismo, indicándoles que observen y reflexionen sobre su entorno general.

Métodos para abordar realmente las inquietudes de los niños

Responder las preguntas de los niños de una manera sólida y viable también puede estimular su interés y apoyar el aprendizaje posterior:

1. Escuche completamente: Ofrezca a los niños toda su consideración cuando reciban aclaraciones sobre temas urgentes. Esto demuestra que se estima su interés y sus contemplaciones merecen ser investigadas.
2. Fomente la investigación: en lugar de dar una respuesta con prontitud, inste a los jóvenes a que contemplen ellos mismos posibles respuestas. Pregunte: "¿Cuál es su opinión?" Esto promueve el razonamiento decisivo y las habilidades de pensamiento crítico.
3. Proporcione respuestas claras y adaptadas a la edad: diseñe sus aclaraciones según la edad y el nivel de comprensión del niño. Utilice un lenguaje sencillo y guías completas para ayudarlos a adoptar ideas complejas.
4. Admita cuando no tenga idea: está bien no tener todas las respuestas. Utilice estos minutos como puertas abiertas para encontrar respuestas juntos, demostrando que el aprendizaje es una interacción duradera .

El arte de plantear preguntas sencillas

Las consultas sin una respuesta correcta o incorrecta son activos increíbles para revitalizar las ideas y el debate. A diferencia de las preguntas de sí o no, instan a los niños a pensar completamente en términos básicos y expresar más sus pensamientos. Esta es la forma de especializarlos y utilizarlos con éxito:

1. Fomente la elaboración: plantee preguntas que requieran más de una sola palabra de respuesta, por ejemplo, "¿Qué pasó inmediatamente?" o "¿Por qué crees que es así?"

2. Fomentar la mente creativa: Preguntas como "¿Qué pasaría si...?" o "¿Cómo abordarías este problema?" dinamizar el razonamiento innovador y el pensamiento crítico.

3. Promueva la reflexión: preguntas, por ejemplo, "¿Cómo te hizo sentir eso?" o "¿Qué ganaste con esto?" Ayude a los niños a considerar sus experiencias y sentimientos.

4. Explore los resultados imaginables: inste a los niños a contemplar el futuro y los resultados esperados con preguntas como "¿Qué tal si encontramos si...?" Esto abre un universo de resultados potenciales y cultiva un sentimiento de experiencia en el aprendizaje.

Las preguntas son las llaves que abren los secretos del mundo a los jóvenes. Al empoderarlos para que obtengan aclaraciones sobre cuestiones apremiantes, tomar nota de ellas atentamente y atraerlos con peticiones incondicionales, mantenemos su interés y nos preparamos para un largo período de aprendizaje y revelación. Este enfoque mejora su percepción y fomenta su razonamiento decisivo, su imaginación y su capacidad para comprender a cualquier persona en un nivel más profundo, proporcionándoles los dispositivos que necesitan para explorar las complejidades del mundo con certeza e interés.

| 6 |

Capítulo 6: Aprendizaje en la era digital

Explorando la escena del aprendizaje computarizado

La era informatizada ha cambiado el escenario de la formación, ofreciendo un acceso excepcional a los datos y mejores enfoques para el aprendizaje. Los aparatos y recursos avanzados pueden mejorar las experiencias educativas, haciendo que el aprendizaje sea realmente cautivador , disponible y personalizado según las necesidades individuales. En cualquier caso, explorar esta nueva escena requiere una manera inteligente de garantizar que el aumento computarizado complemente en lugar de reducir las estrategias instructivas convencionales. Esta sección investiga metodologías para ajustar dispositivos de aprendizaje avanzados y reales, evaluar la naturaleza de los activos computarizados y capacitar a los niños para que involucren la innovación de manera imaginativa y básica.

Ajuste de dispositivos de aprendizaje avanzados y reales

Una buena manera de abordar el aprendizaje computarizado y el real comprende el valor de ambos y busca coordinarlos de maneras que mejoren el aprendizaje en general:

1. Complementariedad: utilizar instrumentos computarizados para complementar las oportunidades de crecimiento reales. Por ejemplo, la realidad aumentada puede rejuvenecer ocasiones auténticas, agregando profundidad al aprendizaje de la lectura en cursos, mientras que las pruebas activas en ciencias pueden mejorarse con reproducciones y grabaciones en línea.

2. Establecimiento de límites: Si bien los aparatos computarizados ofrecen muchas ventajas, significa mucho trazar ciertos límites para evitar que el tiempo frente a la pantalla desarraigue ejercicios básicos como el juego real, las comunicaciones sociales cercanas y personales y la investigación al aire libre .

3. Variedad y control: Brinde una variedad de oportunidades de crecimiento que atraigan diversas facultades y estilos de aprendizaje. Combinar el aprendizaje computarizado con técnicas convencionales como leer libros reales, hacer manualidades y participar en tareas proactivas mantiene una experiencia educativa más completa.

Evaluación de la naturaleza de los activos de aprendizaje computarizados

Con la inmensa gama de recursos de aprendizaje computarizados disponibles, es fundamental garantizar la calidad:

1. Relevancia y precisión: elija activos que sean aplicables a los objetivos de aprendizaje y que sean verificablemente exactos. Esto incluye frecuentemente encuestas de orientación, propuestas de profesores y asociaciones educativas legítimas.

2. Compromiso e inteligencia: Las buenas herramientas computarizadas deberían atraer a los estudiantes de manera efectiva, no de manera latente. Busque activos que potencien la colaboración, el pensamiento crítico y el razonamiento decisivo.

3. Privacidad y bienestar: Garantizar que los dispositivos y activos avanzados sean aptos para el uso de los jóvenes, con potentes estrategias de seguridad que protejan los datos de los clientes.

Potenciar el uso imaginativo y básico de la innovación

La innovación no es sólo para la utilización; muy bien puede ser un activo útil para la creación y el razonamiento decisivo:

1. Empresas creativas: inste a los jóvenes a utilizar la innovación para crear, ya sea creando una historia computarizada, creando música, planificando un juego de computadora o construyendo un sitio. Esto mejora sus habilidades especializadas y cultiva la innovación y el avance.

2. Razonamiento crítico: Ayude a los niños a evaluar básicamente los datos que ven en Internet, reconociendo fuentes válidas y engaños. Instarlos a abordar y confirmar datos y a comprender las predisposiciones que puedan existir en contenidos avanzados.

3. Aprendizaje colaborativo: utilice la innovación para trabajar con la cooperación, permitiendo a los niños trabajar en proyectos con sus compañeros, incluso cuando estén realmente separados. Esto puede fomentar las habilidades de colaboración y abrirlas a diferentes puntos de vista.

El aprendizaje en la edad avanzada ofrece oportunidades estimulantes para mejorar la escolarización y conectarse con los jóvenes de maneras nuevas y significativas. Al adaptar los instrumentos de aprendizaje computarizados y reales, elegir con cautela excelentes recursos computarizados y potenciar el uso innovador y básico de la innovación, podemos brindar a los niños una experiencia educativa rica y diferenciada. Esta metodología justa los prepara no sólo para tener éxito académico sino también para prosperar en un mundo computarizado, dotados de las habilidades necesarias para explorar las complejidades de la era de los datos con certeza e interés.

| 7 |

Capítulo 7: El poder de la narración y la imaginación

Abriendo universos con palabras

Narrar es una antigua obra de arte que tiene la capacidad de trasladar a los espectadores a nuevos universos, inspirar sentimientos y aportar astucia. Cuando se trata de jóvenes, narrar no es simplemente un método de diversión; es un instrumento imperativo para el giro mental de los acontecimientos, la capacidad de comprender a los individuos en un nivel profundo y el control social. A través de historias, los jóvenes descubren cómo imaginar, identificar y captar el mundo según diferentes puntos de vista. Esta parte investiga cómo se puede utilizar la narración como mecanismo para aprender y retener, la función del juego creativo para fomentar la imaginación y las maneras en que los libros y las historias pueden generar un afecto duradero por el aprendizaje.

Narrar como instrumento para aprender y sostener

1. Mejorar las habilidades lingüísticas: Narrar familiariza a los jóvenes con la nueva jerga, los diseños etimológicos y los ritmos del lenguaje, mejorando sus habilidades relacionales y su avance lingüístico.

2. Aprendizaje cultural y moral: las historias son un método para comunicar cualidades sociales y éticas, ayudando a los niños a descubrir las complejidades de la forma humana de comportarse y la moral.

3. Asociación emocional: Compartir historias crea una conexión novedosa entre los narradores y los miembros de la audiencia, fomentando la convicción de que todo está bien y tiene un lugar. Esta profunda asociación es significativa para el giro de los acontecimientos en un joven.

Potenciar el juego inventivo y la innovación

El juego inventivo, en el que los niños crean y cuentan historias, es fundamental para el giro mental y social de los acontecimientos:

1. Fomentar la inventiva: a través del juego innovador, los niños exploran diferentes vías con respecto a pensamientos y situaciones novedosos, practican sus músculos imaginativos y descubren cómo considerar nuevas ideas.

2. Desarrollar habilidades de pensamiento crítico: las situaciones innovadoras a menudo incluyen obstáculos que deben superarse, lo que permite a los niños pensar básicamente y fomentar acuerdos.

3. Comprenderse a uno mismo y a los demás: al realizar diversas tareas, los niños exploran diferentes puntos de vista y sentimientos, mejorando su simpatía y comprensión de los demás.

Utilizar libros e historias para impulsar el aprendizaje

Los libros y los cuentos son activos invaluables para despertar el interés y el afecto por el aprendizaje:

1. Ampliación de horizontes: a través de historias, los niños conocen ideas, sociedades y experiencias más allá de su clima local, ampliando su forma de interpretar el mundo.

2. Fomentar la investigación: Muchos libros para niños tienen como objetivo despertar el interés en la naturaleza, la ciencia, la historia y la artesanía, potenciando una mayor investigación y aprendizaje.

3. Lectura inspiradora y arraigada : al desarrollar un amor por las historias y leer desde el principio, los niños seguramente se convertirán en lectores enérgicos, una tendencia que les ayudará a avanzar a lo largo de la vida.

La fuerza de la narración y la mente creativa en el aprendizaje no podría ser más significativa. Al coordinar la narración en trabajos instructivos, potenciar el juego inventivo e involucrar libros e historias como dispositivos de aprendizaje, podemos abrir un universo de oportunidades para los niños. Las historias no sólo mejoran la vida de los niños con asombro y fervor, sino que también los equipan con los instrumentos que necesitan para explorar las complejidades del mundo. A través de la brujería de la narración, podemos mover la vanguardia para soñar, investigar y encontrar, fomentando un amor profundamente arraigado por descubrir que se eleva más allá de los límites de la sala de estudio.

| 8 |

Capítulo 8: Aprendizaje al aire libre y el mundo natural

Reviviendo el entrenamiento a través de la naturaleza

El aprendizaje al aire libre y la asociación con la propuesta del mundo normal ofrecen ventajas invaluables para el bienestar real, la prosperidad mental y el giro instructivo de los acontecimientos de los niños. La sala de estudio de la naturaleza es enorme y ofrece enormes puertas abiertas a la divulgación, el interés y el aprendizaje activo. Esta parte investiga las diversas ventajas del aprendizaje al aire libre , presenta ideas para ejercicios de aprendizaje al aire libre y examina formas de fomentar la conciencia ecológica en los jóvenes, sustentando una era de administradores del planeta educados y capaces.

Ventajas del aprendizaje al aire libre y la asociación con la naturaleza

1. Bienestar real mejorado: el movimiento regular al aire libre mejora el bienestar real, trabaja las habilidades coordinadas y reduce el riesgo de peso. El mundo normal admite el juego dinámico, lo cual es importante para un giro sólido de los acontecimientos.

2. Mejora de la prosperidad mental: Se ha demostrado que el tiempo pasado en la naturaleza disminuye la presión, la tensión y

la melancolía. La serenidad de los entornos habituales ofrece un descanso de la sobrecarga tangible de las condiciones metropolitanas y las pantallas informáticas.

3. Aumentos cognitivos e instructivos: el aprendizaje al aire libre estimula el interés de los jóvenes y mejora sus habilidades de observación. Brinda al aprendizaje lógico sorprendentes puertas abiertas que hacen que materias como ciencias, topografía y ciencias sean más sustanciales y fijas.

4. Responsabilidad ambiental: El encuentro con la naturaleza de primera mano cultiva un profundo aprecio y respeto por el clima, lo que capacita a los niños para adoptar prácticas factibles y convertirse en defensores de la protección.

Pensamientos para ejercicios de aprendizaje al aire libre

Integrar el aprendizaje al aire libre en la formación puede ser básico y premiado. Aquí hay algunas ideas de acción para comenzar:

1. Paseos por la naturaleza y persecuciones de recolectores: estos ejercicios potencian la percepción y la investigación, ayudando a los niños a descubrir la vegetación cercana. Consolide tareas como distinguir especies de árboles, detectar el comportamiento de los insectos o recolectar hojas de diferentes formas.

2. Tareas de jardinería: Participar en el cultivo muestra a los niños la ciencia de las plantas, la importancia de los polinizadores y los aspectos prácticos de la creación de alimentos. Además, implica responsabilidad en el cuidado de sus plantas.

3. Ciclo del agua y percepción climática: establezca un control de las lluvias, realice un seguimiento de los cambios en las condiciones climáticas y observe la evolución de las nubes. Estos ejercicios ofrecen conocimientos pragmáticos sobre las condiciones atmosféricas y el ciclo del agua.

4. Mano de obra e imaginación al aire libre: utilice materiales comunes para crear artesanía, lo que permitirá a los jóvenes ver

la excelencia en los elementos ambientales y expresar su imaginación de maneras notables.

5. Tareas de preservación del medio ambiente: participe en tareas de limpieza del vecindario, plante árboles o cree espacios habitables para la vida salvaje. Estos emprendimientos mejoran los espacios del área local y muestran importantes ejemplos de preservación.

Fomentar la atención plena natural

Desarrollar un sentimiento de obligación ecológica desde el principio es esencial para la salud de nuestro planeta. Esta es la manera de impartir atención plena natural:

1. Plomo Como señal visual: exhibir prácticas inofensivas para el ecosistema como la reutilización, el ahorro de agua y la disminución de los residuos. Los jóvenes aprenden mejor a través de la percepción y la personificación.

2. Discutir cuestiones ecológicas: familiarizar a los jóvenes con las dificultades naturales de manera adecuada para su edad, centrándose en cómo pueden contribuir a los arreglos en lugar de sentirse abrumados.

3. Fomentar el respaldo: respaldar a los niños para que tomen medidas en favor de causas ecológicas que les interesan, ya sea escribiendo cartas, participando en iniciativas de protección o difundiendo la atención plena.

El aprendizaje al aire libre y el mundo normal desempeñan un papel básico en el giro de los acontecimientos de los jóvenes, ofreciendo una gran cantidad de ventajas que van mucho más allá de los logros académicos. Al involucrar a los jóvenes en ejercicios de aprendizaje al aire libre y cultivar una asociación con la naturaleza, los dotamos de la información, las habilidades y el entusiasmo necesarios para tener una existencia sólida y salvaguardar el planeta para las personas en el futuro. Como maestros, guardianes y vigilantes, es nuestra obligación abrir el camino hacia la sala de estudio de la naturaleza, dando la bienvenida a los niños para que investiguen, encuentren y aprendan en la naturaleza.

Capítulo 9: La importancia de la inteligencia emocional

Desarrollando corazones y cerebros

La capacidad de apreciar a las personas en un nivel profundo (IE) es tan básica para el mejoramiento de los niños como su desarrollo académico. Incorpora la capacidad de comprender y afrontar los propios sentimientos, comprender a los demás y explorar las complejidades sociales con éxito. Esta sección destaca el significado de fomentar la capacidad de apreciar a las personas en un nivel profundo en los niños, destacando su efecto en la comprensión y el manejo de los sentimientos, la compasión y la participación, y el papel esencial de la flexibilidad en el aprendizaje en el hogar y, en general, la prosperidad.

Comprender y lidiar con los sentimientos

1. Autoconciencia: ayudar a los jóvenes a percibir y nombrar sus sentimientos es la fase más importante en la capacidad de comprender a cualquier persona en un nivel más profundo. Ejercicios como gráficos de inclinación o diarios pueden ayudar a los niños a expresar sus sentimientos.

2. Autocontrol: cuando los niños comprenden sus emociones, el siguiente paso es aprender a controlarlas. Métodos como respirar

profundamente, contar o disfrutar de un tiempo libre pueden hacer que los niños se enfrenten productivamente a las principales áreas de fortaleza.

3. Articulación de las emociones: Los jóvenes deben tener una verdadera sensación de tranquilidad al comunicar sus sentimientos. Es vital potenciar la correspondencia abierta y brindar un clima sólido en el que los niños puedan discutir sus pensamientos sin miedo a ser juzgados.

Compasión, colaboración y aprendizaje social

1. Desarrollar la compasión: La simpatía es la capacidad de comprender y discutir los pensamientos de otra persona. Fingir, narrar y examinar diferentes situaciones puede ayudar a los jóvenes a imaginar la perspectiva de los demás y cultivar una comprensión más profunda de los puntos de vista de los demás.

2. Promover la colaboración: Los juegos útiles y las actividades de reunión pueden mostrar a los niños cómo cooperar, compartir y organizar. Descubrir cómo ver las cosas desde numerosas perspectivas mejora las habilidades de pensamiento crítico y la congruencia social.

3. Mejorar las habilidades interactivas: la capacidad de apreciar a las personas en un nivel más profundo es fundamental para crear habilidades interactivas sólidas. Los ejercicios que incluyen cooperación, correspondencia y comprensión de gestos significativos pueden mejorar la comunicación y las asociaciones de los niños con los demás.

Cerca de casa La versatilidad y su función en el aprendizaje

1. Desarrollar la versatilidad: Cerca de la fortaleza local está la capacidad de regresar de dificultades o dificultades. Enseñar a los niños que la decepción es una parte del aprendizaje y el desarrollo es fundamental para crear flexibilidad.

2. Procedimientos de afrontamiento: Proporcionar a los jóvenes sistemas para adaptarse a la insatisfacción, la decepción y la desilusión. Examinar encuentros anteriores y conceptualizar acuerdos puede ayudar a los jóvenes a descubrir cómo explorar más con éxito dificultades futuras.

3. Mentalidad positiva: Fomentar una perspectiva y un aprecio inspiradores puede ayudar a los jóvenes a mantenerse al día con un profundo equilibrio y versatilidad. Prácticas como diarios de agradecimiento o compartir experiencias positivas pueden favorecer la buena fe y la constancia.

La capacidad de comprender a cualquier persona en un nivel profundo es fundamental para el progreso de los jóvenes en la escuela y en la vida. Al adquirirlo y lidiar con sus sentimientos, crear compasión y descubrir cómo ayudar a los demás, los jóvenes pueden explorar las complejidades de las asociaciones y dificultades sociales con certeza. Además, al desarrollar una profunda versatilidad, los jóvenes están más preparados para afrontar las desgracias y seguir aprendiendo con una perspectiva positiva y orientada al desarrollo. Al cultivar la capacidad de comprender a las personas a un nivel profundo, proporcionamos a los jóvenes habilidades académicas, así como dispositivos cercanos al hogar esenciales para un estilo de vida saludable y satisfactorio.

| 10 |

Capítulo 10: Involucrar a padres y cuidadores

Involucrar a los principales instructores

Los tutores y figuras paternas asumen un papel esencial en la escolarización de un niño. Básicamente, su contribución puede mejorar las oportunidades de crecimiento, brindando una base sólida para los logros académicos y la superación personal. Esta parte profundiza en el trabajo esencial que desempeñan los adultos al apoyar el aprendizaje de los jóvenes, presenta ideas pragmáticas para ejercicios instructivos en casa y examina formas de construir un área local de aprendizaje energético que se extienda más allá de la sala de estudio.

La tarea de los adultos a la hora de apoyar el aprendizaje de los jóvenes

1. Crear un clima fuerte: Un clima hogareño que califique y potencie el aprendizaje es clave. Esto incluye tener libros y materiales educativos rápidamente accesibles, reservar un espacio tranquilo y agradable para el estudio y establecer horarios que se centren en ejercicios de aprendizaje.

2. Compromiso activo: Los tutores y figuras paternas deben participar eficazmente en la educación de sus hijos manteniéndose

informados sobre su avance, asistiendo a reuniones de clase y discutiendo constantemente con los educadores. Mostrar interés en su proceso de aprendizaje transmite su importancia y valor.

3. Aliento y respaldo: Es fundamental brindar consuelo y respaldo, especialmente cuando los niños enfrentan dificultades académicas. Elogiar los esfuerzos y el progreso, en lugar de simplemente los logros, cultiva una perspectiva de desarrollo y versatilidad.

Pensamientos para ejercicios instructivos en casa

Participar en ejercicios instructivos en casa puede apoyar el aprendizaje escolar y estimular el interés. Aquí hay algunos pensamientos:

1. Leer juntos: leer libros juntos desarrolla aún más las habilidades de competencia y mejora el conocimiento profundo. Examinar los relatos y los personajes también puede fomentar el aprecio y la capacidad de razonamiento decisivo.

2. Ejercicios numéricos prácticos: integre las matemáticas en ejercicios regulares, como cocinar (estimar las guarniciones), ir de compras (calcular los gastos) o jugar juegos de mesa que incluyan contar y sistema.

3. Pruebas científicas: las investigaciones sencillas que utilizan elementos familiares pueden desmitificar las ideas científicas y potenciar el aprendizaje basado en solicitudes . Por ejemplo, investigar las propiedades del agua, desarrollar plantas o concentrarse en los períodos lunares.

4. Arte e imaginación: potenciar la articulación inventiva a través del dibujo, la pintura, la música y las obras de arte. Estos ejercicios cultivan la mente creativa, las habilidades de coordinación fina y la articulación profunda.

5. Explorar la naturaleza: Los viajes estándar a parques, reservas naturales o al césped pueden despertar el interés en la ciencia, la biología y la gestión ecológica.

Construyendo un grupo de personas que aprenden

Crear una organización sólida de tutores, figuras paternas, educadores e individuos del área local puede intensificar las ventajas del aprendizaje situado localmente:

1. Reuniones de padres: unirse o organizar reuniones de padres puede brindar un escenario para compartir recursos, encuentros y exhortaciones. Estas reuniones pueden generar estudios, charlas o ejercicios de reunión que beneficien a los niños y al área local.
2. Bienes de la comunidad: Las bibliotecas, salas de exposiciones, lugares públicos y asociaciones cercanas ofrecen con frecuencia proyectos, clubes y ocasiones instructivos que pueden mejorar las oportunidades de crecimiento de un joven.
3. Colaboración con las escuelas: la construcción de áreas de fortaleza para las escuelas permite a los tutores y figuras parentales ajustar los ejercicios de aprendizaje en el hogar al plan educativo y los objetivos escolares. La participación en eventos escolares y las puertas abiertas como voluntario fortalece aún más esta asociación.

Incluir a tutores y figuras paternas en el recorrido educativo es fundamental para el rumbo de los acontecimientos y los logros de los niños. Al establecer un clima de aprendizaje estable en el hogar, participar en la mejora de ejercicios educativos y fomentar un espacio de aprendizaje cooperativo, los adultos pueden influir significativamente en la adoración de sus hijos por el aprendizaje, los logros académicos y, en general, la prosperidad. Juntos, los tutores, las figuras paternas y los instructores pueden desarrollar un sistema biológico que apoye a los estudiantes curiosos, seguros y profundamente arraigados .

| 11 |

Capítulo 11: Superar los obstáculos al aprendizaje

Delineando el camino a través de las dificultades

El proceso de aprendizaje de cada niño incorpora su porción de impedimentos. Estas dificultades pueden ir desde dificultades para comprender ideas específicas hasta elementos físicos, profundos o ecológicos que afectan el aprendizaje. Distinguir y atender estos obstáculos es fundamental para garantizar que todos los niños tengan la oportunidad de tener éxito y prosperar académicamente. Esta parte investiga técnicas para superar los obstáculos para dominar, apoyar a los niños con diferentes necesidades de desarrollo y la importancia de fomentar la constancia y la versatilidad.

Reconocer y atender las obstrucciones del aprendizaje

1. Identificación temprana: Percibir indicios de dificultades de aprendizaje casi de inmediato es básico. Esto puede recordar haber notado cambios de conducta, decepción con recados específicos o una caída inesperada en el rendimiento escolar.

2. Busque orientación de expertos: Suponiendo que se reconozcan obstáculos en el aprendizaje, buscar evaluaciones de médicos o expertos instructivos puede brindar claridad y orientación. Estos

expertos pueden reconocer problemas explícitos de aprendizaje, dificultades mentales o temas intensos que influyen en el aprendizaje.

3. Metodologías personalizadas: cuando se reconocen los obstáculos en el aprendizaje, la creación de planes de aprendizaje personalizados que atiendan las necesidades particulares del niño puede tener un efecto enorme. Esto podría incluir estrategias de exhibición electivas, tutoría individual o la utilización de innovación asistencial.

Apoyar a los niños con diversas necesidades avanzadas

1. Instrucción inclusiva: Las escuelas y aulas deberían intentar lograr la inclusión, donde se invite, se estime y se respalde a niños de todas las capacidades y estilos de aprendizaje. Esto incorpora materiales abiertos, transformaciones del programa educativo y un clima estable en el aula.

2. Contribución de los padres y tutores: Los tutores y figuras paternas asumen un papel crucial en el apoyo al progreso de sus hijos en el hogar. Esto puede incluir trabajar en estrecha colaboración con instructores, completar los ejercicios o tratamientos sugeridos y brindar consuelo y comprensión confiables.

3. Aprovechar las cualidades: Cada niño tiene cualidades e intereses novedosos. Centrarse en estas áreas puede generar certeza y compromiso, sirviendo como base para manejar temas o habilidades adicionales difíciles.

El trabajo de la constancia y la flexibilidad

1. Cultivar una mentalidad de desarrollo: instar a los jóvenes a considerar las dificultades como valiosas puertas abiertas para el desarrollo. Instrúyanles que el trabajo y la incansabilidad pueden impulsar mejoras y logros, incluso a pesar de los desafíos.

2. Adaptabilidad: Ayudar a los niños a ser versátiles incluso con dificultades es igualmente importante. Esto incluye ayudarlos a descubrir cómo cambiar sus procedimientos, buscar ayuda cuando sea necesario y permanecer abierto a probar nuevas metodologías.
3. Celebrar el esfuerzo y la flexibilidad: Perciba y celebre los logros, así como el trabajo, el progreso y la fuerza que los niños muestran al superar los obstáculos. Esto fortalece el valor de la incansabilidad y la fe en su capacidad para vencer las dificultades.

Vencer los obstáculos al aprendizaje es una tarea que requiere perseverancia, comprensión y ayuda personalizada. Al reconocer temprano los obstáculos del aprendizaje, ofrecer ayuda designada y cultivar una cultura de constancia y versatilidad, podemos permitir que todos los jóvenes exploren las dificultades de manera efectiva. Esto respalda sus logros académicos y desarrolla habilidades fundamentales que les funcionarán bien más allá de la sala de estudio. Al hacerlo , confirmamos la convicción de que cada joven puede aprender y desarrollarse, independientemente de los impedimentos que pueda enfrentar.

| 12 |

Capítulo 12: Ejemplos inspiradores y estudios de casos

Observando las victorias en el entrenamiento

En todo el mundo, innumerables estudiantes, instructores y redes están pensando de manera innovadora, superando dificultades y encabezando formas imaginativas de abordar la capacitación. Sus relatos actúan como señales de motivación, delineando la fuerza innovadora del entusiasmo, la imaginación y la versatilidad en la empresa de aprendizaje. Esta sección presenta modelos conmovedores e investigaciones contextuales que exhiben condiciones fundamentales de aprendizaje, metodologías instructivas novedosas y los logros inimaginables de personas centradas en la escolarización.

Relatos de estudiantes y profesores entusiastas

1. La batalla por la formación de Malala Yousafzai: El valiente apoyo de Malala a la escolarización de las jóvenes, incluso con dificultades escandalosas, ha impulsado a millones de personas en todo el mundo. Su historia destaca la fuerza de la educación para cambiar vidas y la importancia de esperar la oportunidad de aprender.

2. El maestro creativo de Finlandia: Pasi Sahlberg, un instructor e investigador finlandés, ha jugado un papel decisivo en moldear el eminente sistema escolar de Finlandia, que subraya el valor y la prosperidad, y atenuarlo sería la metodología ideal. Su trabajo presenta el efecto del cambio fundamental en la formación.

3. Math Upset de Jaime Escalante: La trascendental historia de Jaime Escalante, un maestro boliviano que cambió una escuela secundaria de un gueto en el este de Los Ángeles al alentar a sus estudiantes a lograr avances fenomenales en análisis, muestra el impacto significativo de los estándares exclusivos y la fe inquebrantable en verdadera capacidad de los estudiantes.

Condiciones y enfoques de aprendizaje inventivo

1. Escuelas Montessori: La técnica Montessori, creada por la Dra. María Montessori, subraya el movimiento independiente, el aprendizaje involucrado y el juego cooperativo. Las escuelas Montessori de todo el planeta siguen impulsando su obligación de apoyar a ciertos estudiantes de forma gratuita.

2. Escuelas al aire libre en Escandinavia: En países como Dinamarca y Suecia, las escuelas en el bosque y el aprendizaje al aire libre son vitales para la formación de los jóvenes. Estas escuelas presentan las ventajas de la instrucción basada en la naturaleza, fomentando el bienestar real, la inventiva y la gestión ecológica.

3. Metodologías STEAM en Corea del Sur: La combinación de ciencia, innovación, diseño, expresión artística y aritmética (STEAM) de Corea del Sur en la educación destaca la importancia del aprendizaje interdisciplinario y la imaginación para preparar a los estudiantes para las complejidades del mundo moderno .

Ilustraciones de todo el mundo

1. La atención de Singapur al razonamiento decisivo: el sistema escolar de Singapur es famoso por su énfasis en el razonamiento

decisivo y las capacidades de pensamiento crítico. Al incorporar aplicaciones reales al programa educativo, Singapur muestra cómo la instrucción puede ser a la vez exhaustiva y significativa.

2. La fusión de puntos de vista nativos de Nueva Zelanda: El sistema escolar de Nueva Zelanda ha avanzado en la integración de la cultura y los puntos de vista maoríes en el plan educativo, ofreciendo ejemplos sobre el valor de la variedad social y la consideración en la formación.

3. La acentuación de Bután en la satisfacción: La interesante atención de Bután sobre la alegría pública bruta sobre el PIB se extiende a su sistema escolar, que se centra en la prosperidad y la alegría de los estudiantes. Este enfoque proporciona importantes conocimientos sobre el trabajo del aprendizaje profundo y social en la formación.

Los modelos conmovedores y los análisis contextuales presentados en esta parte reflejan las diferentes maneras en que se puede acercar la formación y el efecto significativo que puede tener en las personas y los órdenes sociales. Estas cuentas celebran los logros y actúan como muestras sólidas de lo que se espera que exista en cada estudiante y maestro. Al extraer ilustraciones de las prácticas creativas y la fortaleza mental de las personas que han cambiado su formación en sus circunstancias específicas, podemos seguir superando los límites de lo concebible en las condiciones de realización en todo el mundo.

| 13 |

Capítulo 13: Recursos y lecturas adicionales

Involucrar al desarrollo consistente

El viaje de aprendizaje, ya sea relacionado con mantener el interés por los niños, adoptar técnicas de visualización creativas o cultivar el amor por la educación, está progresando. Esta sección incluye un resumen organizado de recursos, incluidos libros, sitios y asociaciones de expertos, dirigido a instructores, tutores y cualquier persona interesada en el recorrido educativo. Además, presenta redes en línea que conectan a personas similares para compartir conocimientos, dificultades y victorias. Estos activos son piedras de aventura para aquellos que desean profundizar en los ámbitos de la educación, el desarrollo infantil y el aprendizaje profundo .

Libros, sitios y diferentes recursos sugeridos

1. Libros:

   o "Mindset: The New Brain investigación del logro" a través de Tune S. Dweck investiga la idea de la mentalidad de desarrollo y su efecto en diferentes partes de la vida, incluida la instrucción.

   o "Cómo aprenden los jóvenes" de John Holt brinda conocimientos sobre las experiencias educativas habituales de los niños y estudia técnicas de tutoría convencionales.

o "El cerebro esponjoso" de María Montessori ofrece una mirada interna y externa a la estrategia Montessori y sus fundamentos filosóficos en el desarrollo y la educación infantil.

2. Sitios web:

o Edutopia (edutopia.org): ofrece una gran cantidad de recursos sobre trabajos educativos creativos, incluidos artículos, grabaciones y técnicas para instructores K-12.

o Khan Institute (khanacademy.org): ofrece seminarios gratuitos en Internet sobre una gran variedad de temas para estudiantes, en igualdad de condiciones, y respalda formas de instrucción personalizadas.

o TED-Ed (ed.ted.com): Elementos grabados instructivos sobre diferentes puntos que despiertan interés y avanzan más allá de la sala de estudio.

3. Otros Activos:

o National Geographic Children y BBC Bitesize ofrecen conexión con contenidos y ejercicios destinados a hacer que el aprendizaje sea divertido y abierto para los más jóvenes.

o Duolingo, una aplicación de aprendizaje de idiomas, gamifica el método de aprendizaje de nuevos dialectos, haciéndolo agradable para los estudiantes, en igualdad de condiciones.

Asociaciones competentes y grupo de personas en línea

1. Asociaciones Profesionales:

o La Afiliación de Instrucción Pública (NEA) y la Afiliación de Competencia Global (ILA) brindan recursos y respaldo a los instructores, incluido el desarrollo competente de los acontecimientos y el apoyo estratégico.

o La Relación para la Mejora del Plan Educativo y de Gestión (ASCD) ofrece recursos de autoridad instructivos, incluidos libros, reuniones y cursos en línea.

2. Grupo de personas en línea:

o Reddit Instrucción (r/training) y el Rincón del Instructor son reuniones donde los maestros comparten activos, metodologías de aula y respaldo.

o Los subreddits educativos y para padres, como r/Nurturing y r/Self-teach, ofrecen espacios para que los tutores busquen orientación, compartan encuentros y busquen recursos educativos.

Continuando con la Excursión de Aprendizaje

La búsqueda de información y la misión de motivar el aprendizaje de los demás es una excursión duradera . Al aprovechar los activos y las redes a las que se hace referencia en esta parte, los profesores, tutores y estudiantes pueden encontrar ayuda, motivación y un sentimiento de parentesco. La forma de escolarizar siempre avanza, y continuamente surgen nuevas especulaciones, sistemas e innovaciones. Mantenerse educado y asociado es fundamental para explorar estas progresiones y continuar motivando y despertándose por el placer de aprender.

Al cerrar este libro, recuerde que cada paso dado para mejorar los encuentros instructivos de los jóvenes es una etapa hacia un mundo más brillante, más curioso y competente. Permita que estos activos sean su ayuda a medida que avanza en esta forma de compensación.

| 14 |

Capítulo 14: Conclusión

Una excursión de divulgación y desarrollo

Al llegar al final de esta investigación sobre "El placer de recoger: motivar el interés de los niños", reflexionamos sobre la excursión que hemos emprendido juntos. Desde comprender las fases formativas de los niños hasta adoptar el tiempo de aprendizaje computarizado, cada parte se ha sumado a un bordado minucioso que muestra cómo podemos apoyar y promover un amor significativo por el aprendizaje en los niños. Esta sección final intenta resumir los temas vitales del libro, repetir la importancia de fomentar el interés y expresar las últimas impresiones sobre el efecto continuo de la educación que se establece en la investigación y la maravilla.

Resumiendo los temas críticos del libro

Este libro ha abarcado un amplio conjunto de puntos, cada uno de los cuales es parte integral del núcleo de la forma instructiva de pensar y practicar:

• La importancia fundamental de comprender el desarrollo infantil para adaptar las oportunidades de crecimiento que se adapten a los niños en el lugar donde más lo necesitan.

• La función fundamental del juego para dominarlo, ofreciendo a los niños un escenario dinámico e intuitivo para investigar, cuestionar y encontrar.

• El significado de desarrollar una perspectiva de desarrollo que permita a los niños ver las dificultades como puertas abiertas para el desarrollo en lugar de obstáculos desfavorables.

• La fuerza de las preguntas para impulsar la solicitud, la comprensión y una asociación más profunda con nuestro entorno general.

• La capacidad innovadora de innovación cuando se compensa con modalidades de aprendizaje habituales, mejorando los encuentros formativos y la disponibilidad.

• El beneficio perseverante de la narración y la mente creativa para fomentar la imaginación, la simpatía y una comprensión más profunda de diferentes encuentros y sociedades.

• Las ventajas del aprendizaje al aire libre y su función de promover la administración natural, el bienestar real y una sensación de milagro.

• La importancia básica de la capacidad de apreciar a las personas en un nivel profundo en la escuela, dotando a los niños de las habilidades para explorar con éxito sus sentimientos y comunicaciones sociales.

• El efecto de la contribución de los padres y tutores para apoyar el aprendizaje fuera del aula y construir un área local de instrucción constante.

• Técnicas para superar los obstáculos para aprender, garantizando que cada niño tenga la oportunidad de triunfar sin importar las dificultades que enfrente.

• Modelos móviles e investigaciones contextuales que presentan formas inventivas de abordar la formación y los logros trascendentales de estudiantes y profesores de todo el planeta.

Empoderar a los lectores para que cultiven el afecto por el aprendizaje

Como lectores, se les proporciona información, sistemas y motivaciones que tendrán un impacto sustancial en la vida de los niños. El desarrollo de una adoración por el aprendizaje es quizás el regalo más significativo que podemos proponer a los más jóvenes: un regalo que abre potencial, abre caminos hacia resultados imaginables ilimitados y mejora la vida con información, comprensión y euforia.

Últimas consideraciones sobre el efecto del interés en movimiento en los niños

Motivar el interés de los jóvenes no es sólo un objetivo instructivo; es un interés significativo de ahora en adelante. Personalidades curiosas cuestionan, investigan, avanzan y, finalmente, impulsan a la humanidad hacia adelante. Al fomentar la afición por el aprendizaje, no solo mejoramos la existencia individual y escolar de los niños individuales, sino que también contribuimos al desarrollo de ciudadanos inteligentes, compasivos y educados en relación con el mundo.

Al concluir este libro, que no marque el final sino más bien el comienzo de una obligación restaurada de sostener el gran interés que hay dentro de cada niño. Al hacerlo, encendemos un destello que puede iluminar caminos, cambiar vidas e iluminar el futuro, cada psique inquisitiva por turno.